# UNION DES DÉLÉGUÉS CANTONAUX

## DU PAS-DE-CALAIS

## Assemblée générale du 29 Juin 1916

## A BOULOGNE-SUR-MER

L'Assemblée générale s'est tenue à Boulogne-sur-Mer, le 29 juin, à 11 heures, à l'école Eurvin, sous la présidence de M. David.

M. Bequignon, inspecteur d'Académie, assistait à la séance.

Il est donné lecture des lettres d'excuses de MM. Aubrun, inspecteur primaire ; Rohard, maire d'Arras ; Eloi Létévé, conseiller d'arrondissement ; Briquet, député ; D<sup>r</sup> Le Roy, D<sup>r</sup> Gernez, M<sup>me</sup> Tierny, MM. Tierny Carlier, Michonneau, Desmazures, Dupont, Sénéchal.

### Discours du Président

Mes chers Collègues,

Les graves événements qui se sont passés dans notre pays depuis deux ans ne nous ont pas permis de nous réunir.

Votre Bureau, préoccupé de cette situation, a cru devoir interrompre la prescription qui menaçait l'existence légale de notre Association, en provoquant une Assemblée générale.

Nous avons pensé aussi qu'il serait regrettable de laisser péricliter l'œuvre que nous avons fondée ensemble en 1910, et dont les étapes, marquées par les Congrès d'Arras, de Lens, de Paris-Plage, de Bruay, n'ont pas été sans éclat.

en date du 5 janvier 1915, M. le Ministre de l'Instruction publique a demandé aux Délégués cantonaux de vouloir bien collaborer avec l'Administration pour la réouverture des écoles, l'amélioration de la fréquentation scolaire et l'organisation des œuvres d'éducation et de protection de l'enfance.

Notre Union nationale a répondu à cet appel. Depuis plus d'un an déjà, elle s'occupe activement de la participation des Délégations cantonales aux œuvres d'aide mutuelle en faveur des instituteurs et de leurs familles victimes de la guerre, et dernièrement elle demandait aux Délégations d'étudier sous quelles formes leurs membres participeront, soit dans les futurs Offices départementaux, soit dans les Associations privées, à l'œuvre d'éducation nationale et de protection juridique et sociale des orphelins de la guerre.

Dans une imposante réunion tenue à la Sorbonne, le 19 décembre 1915, et à laquelle étaient représentées la Ligue de l'Enseignement et l'Union nationale des Délégués cantonaux, M. Liard, vice-recteur de l'Académie de Paris, a posé les bases de l'Œuvre des Pupilles de l'Ecole du département de la Seine. Le nombre des orphelins de la guerre, a-t-il dit en substance, est déjà considérable, et il va s'accroître encore. Il faut venir en aide à ces infortunés. Recourons le moins possible aux orphelinats. Nos écoles sont toutes désignées pour les assister. Adoptons ces enfants et ces jeunes gens dont les pères sont morts pour la défense de notre chère Patrie ; qu'ils deviennent les frères, les sœurs, les pupilles de nos écoles et de nos étudiants.

Et, pour marquer le caractère national de l'œuvre, M. Liard ajoutait :

« Pourront y adhérer, toutes les personnes qui s'intéressent à nos écoles, les collectivités (établissements d'enseignement public des trois ordres), les sociétés pédagogiques, les associations d'anciens élèves, les délégations cantonales, les caisses des écoles, etc.

Quelques jours après cette manifestation, M. Painlevé, ministre de l'Instruction publique, adressait à MM. Ferdinand Buisson et Ferdinand Dreyfus, une lettre dans laquelle il définissait notre rôle dans les circonstances actuelles.

« Je n'ai rien à ajouter, dit-il, à la circulaire du 5 janvier 1915 ; mais permettez-moi de vous demander d'agir de tout votre pouvoir, pour améliorer la fréquentation scolaire.

« La plupart des Inspecteurs d'Académie observent que depuis le départ des pères pour l'armée, l'autorité maternelle ne se montre pas assez ferme pour obtenir des enfants, une présence régulière à l'école.

« Partout où le service scolaire fonctionne dans des conditions normales, vous ne refuserez pas d'aider nos inspecteurs à réagir contre la faiblesse des mères et assurer une stricte application de la loi sur l'obligation.

« Enfin vous voulez bien m'offrir, pour toutes les œuvres de guerre auxquelles collabore l'école, la participation de vos 30.000 sociétaires. Soyez-en remercié.

« Je suis certain que déjà dans chaque commune, l'instituteur s'est souvent acheminé vers la demeure du délégué cantonal, pour lui demander de s'inscrire sur une liste de souscription : c'était hier pour nos alliés Belges ou Serbes, pour nos blessés ou nos prisonniers, pour nos combattants ; ce sera demain pour nos orphelins. L'école ne peut abandonner à personne le soin d'instruire, de guider dans la vie, les enfants de ses anciens élèves tués à l'ennemi. Aussi se fonde-t-il dans la plupart des départements, des associations prêtes à recevoir les pupilles de l'école publique ; elles feront sûrement place dans leurs rangs aux délégués cantonaux. »

Au mois de janvier 1916, une association de ce gence s'est constituée dans le Pas-de-Calais, sur l'initiative de M. l'Inspecteur d'Académie, qui a bien voulu m'en informer en sollicitant notre concours.

Sans vous consulter, j'ai adhéré en votre nom et promis notre collaboration : je suis persuadé que vous ne me désavouerez pas!

Comme vous le voyez, mes chers Collègues, la guerre a ouvert aux délégations cantonales, de nouveaux champs d'action.

Les projets de loi dont le Parlement est saisi prévoient des organismes de protection sociale, dans lesquels les délégués cantonaux auront leur place marquée.

Ainsi que le disait notre regretté président M. le sénateur Dreyfus, les délégations cantonales sont qualifiées pour assurer la fréquentation scolaire et pour indiquer le mode d'éducation le mieux approprié aux aptitudes du pupille protégé.

« Tantôt elles aideraient la famille à surveiller l'enfant, à le protéger contre les mauvaises fréquentations, tantôt elles le pousseraient vers l'école prolongée, en lui assurant les bienfaits de l'éducation professionnelle. La délégation cantonale pourrait aussi étendre son action tutélaire collective sur des pupilles de prédilection dont elle faciliterait l'ascension, vers la haute culture par des encouragements spéciaux. »

Telle est l'œuvre à laquelle nous sommes conviés et qui ne laissera indifférent aucun de nos collègues du Pas-de-Calais.

Selon l'heureuse expression de M. Ferdinand Buisson, les délégués cantonaux ne demandent que le droit au dévouement.

« Fiers de l'école laïque, des enfants qu'elle a formés, des maîtres qui chaque jour affirment par leurs leçons, leurs exemples, le sacrifice de leur vie, la constance de leur patriotisme, ils réclament leur place au premier rang des reconstructeurs de la France nouvelle. »

## Situation financière

M. QUIGNON, trésorier, expose ainsi qu'il suit la Situation financière :

### *Recettes* :

| | | |
|---|---:|---:|
| En caisse au 1er janvier 1914......... | 2.626 | fr.20 |
| 37 cotisations à 5 francs............. | 185 | 00 |
| | 2.811 | fr. 20 |

### *Dépenses* :

| | | |
|---|---:|---:|
| Subventions diverses ............... | 310 | fr.00 |
| Frais d'envoi ...................... | 3 | 40 |
| Recouvrement des cotisations ....... | 5 | 25 |
| Frais de poste ..................... | 93 | 25 |
| Indemnité à un aide secrétaire....... | 50 | 00 |
| Abonnement au « Délégué cantonal... | 4 | 15 |
| Frais de l'Assemblée générale....... | 83 | 35 |
| Frais d'impressions ............... | 125 | 80 |
| | 675 | fr. 30 |

Reste en caisse au 31 décembre 1914..    2.135 fr. 90

Aucune opération n'a été effectuée en 1915.

Les comptes ci-dessus ont été approuvés et des remerciements sont adressés à M. Quignon, pour son dévouement et sa bonne gestion.

Sur la proposition du Président, il est décidé que le trésorier prendra pour 1000 francs de bons nationaux, qui seront versés à la souscription, lors du prochain emprunt de guerre, et que 500 francs seront déposés à la Caisse d'épargne d'Arras.

Sur la question du recouvrement des cotisations, M. AMELOT fait remarquer qu'au lendemain de la guerre la Société devra faire un effort considérable pour aider au relèvement des ruines matérielles, et morales de l'école, et que pour cet objet, elle n'aura jamais trop de ressources.

Il pense qu'il convient de recouvrer dès maintenant les cotisations arriérées de 1914 et de 1915, et même celles de 1916, et il ne croit pas que beaucoup de nos collègues se refusent à ce sacrifice.

Adopté.

*Administration.* — Vu la difficulté des communications dans le département, il est décidé que jusqu'à la fin des hostilités, la Société sera administrée par l'Assemblée générale de tous les sociétaires susceptibles de se rendre à une réunion à Boulogne.

Sous la présidence du doyen d'âge, M. MONNIER, inspecteur primaire honoraire, le Bureau est ainsi constitué :

*Président* : M. DAVID.
*Vice-Président* : M. MONNIER.
*Secrétaire-trésorier* : M. QUIGNON.

*Œuvres des Pupilles de l'école.* — M. LE PRÉSIDENT propose à l'Assemblée de ratifier l'adhésion qu'il a donnée à l'Œuvre des Pupilles de l'école, dans le Pas-de-Calais.

Adopté.

M. QUIGNON, trésorier, demande si les délégués cantonaux adhérents à l'Union, sont représentés au sein du Conseil d'administration de cette Société.

M. L'INSPECTEUR D'ACADÉMIE répond qu'aux termes de l'art. 6 des statuts, l'Association est administrée par un comité de 30 membres dont 15 membres de droit et 15 membres élus par leurs pairs parmi les diverses catégories de membres de l'enseignement (1).

M. LE PRÉSIDENT fait remarquer que les sociétaires étrangers à l'enseignement et les collectivités telles que délégations cantonales, associations d'anciens élèves, caisses des écoles, etc., sont exclus du Conseil d'administration, et privés du droit de vote pour la désignation des membres de ce Conseil.

Il ajoute que l'Œuvre des Pupilles de l'école a un caractère national et non corporatif, et qu'il est de règle que dans une société, les membres cotisants aient des droits égaux.

M. L'INSPECTEUR D'ACADÉMIE rend hommage au dévouement et à la générosité des délégués cantonaux, et des amis de l'école, et il compte sur leur collaboration dans les comités de canton et d'arrondissement qui vont être constitués pour la surveillance et la protection des pupilles.

Il reconnaît que des omissions ont été commises, lors de l'Assemblée générale, organisée hâtivement, et dans des conditions défectueuses ; mais il pense qu'on pourra les réparer.

Une discussion s'engage sur cette question ; il en résulte que l'Assemblée est entièrement dévouée à l'Œuvre des Pupilles de l'école, mais qu'elle estime qu'une modification aux statuts dans le sens de la représentation au Conseil d'administration, des amis de l'école, donnerait à l'Association, plus de cohésion et de force.

*Bibliothèques des Écoles publiques.* — M. LE PRÉSIDENT appelle l'attention des délégués cantonaux sur

---

(1) Les 15 membres de droit sont : l'Inspecteur d'Académie, l'Inspecteur départemental de l'enseignement technique, le Principal du collège de garçons et la Directrice du collège de jeunes filles du chef-lieu, le Directeur et la Directrice des écoles normales, les Inspecteurs primaires du département.

Les 15 membres élus comprennent : un représentant de l'enseignement secondaire ; un représentant de l'enseignement primaire ; deux représentants, un maître et une maîtresse de l'enseignement primaire supérieur ; deux représentants, un maître et une maîtresse du personnel des cours complémentaires ; huit représentants, quatre instituteurs et quatre institutrices du personnel des écoles primaires élémentaires ; une directrice d'école maternelle.

un récent arrêté ministériel, instituant auprès des bibliothèques des écoles publiques, un Comité d'administration ou de contrôle, dont fait partie de droit le délégué cantonal.

Cette décision, dit-il, est intéressante en ce sens qu'elle montre le désir du Ministre, de voir les délégués cantonaux s'associer plus intimement aux œuvres scolaires. Ce serait une faute de leur part de dédaigner cette nouvelle et précise attribution. M. le Ministre leur ayant fait confiance en leur donnant une place dans les conseils d'administration des bibliothèques des écoles publiques, qu'il va falloir après la guerre recréer en maints endroits et développer partout ; ils se montreront dignes de cette confiance. Non seulement ils assisteront aux réunions chaque fois qu'ils seront convoqués, mais si besoin est, ils provoqueront ces réunions, et ils chercheront à se rendre utiles par des initiatives heureuses, soit auprès des assemblées dont ils font partie, soit auprès des amis de l'école, en vue d'accroître les ressources des bibliothèques et le nombre de leurs lecteurs.

*Livre d'or des Délégués cantonaux.* — M. LE PRÉSIDENT donne lecture de la circulaire adressée par l'Union nationale des délégués cantonaux à tous les présidents des délégations cantonales, en vue de la constitution d'un Livre d'or des Délégués cantonaux. Outre qu'un certain nombre de nos collègues sont morts au Champ d'honneur ou ont été blessés, il en est qui se sont particulièrement distingués sur le front, ou qui ont été l'objet de citations, de promotions, de distinctions, etc.

Nous savons aussi que dans certains endroits, des Délégués cantonaux ont offert leur maison pour y installer des écoles ou pour y ouvrir des hôpitaux ; que dans certains autres, des Délégués cantonaux ont fondé des œuvres de réfugiés, de mobilisés, de prisonniers, de convalescents, d'orphelinats, de colonies scolaires, etc..... Nous montrerons ainsi à la face du pays que les Délégués cantonaux ont payé largement de leurs personnes et ont prouvé une fois de plus, qu'ils constituaient en France la légion fidèle des braves gens et des nobles cœurs.

**M. le Président** prie ses collègues présents de vouloir bien rappeler cette circulaire aux présidents avec lesquels ils sont en rapport en les engageant à signaler à l'Union ceux de nos collègues qui se sont distingués dans l'ordre militaire ou dans l'ordre civil.

*Réception à la Préfecture.* — M. le Préfet, qui avait bien voulu accorder une audience aux membres de l'Union et à son Bureau, ayant dû s'absenter de Boulogne, notre délégation fut reçue l'après-midi à la Préfecture par M. Bernard, secrétaire général. L'entretien, plein de cordialité, porta sur les œuvres scolaires d'après la guerre et sur la collaboration des délégués cantonaux à l'œuvre de « reconstruction de la France nouvelle. »

*Le Secrétaire-trésorier,*

A. QUIGNON.

*Le Président,*

P. DAVID.

2906 H. — AMIENS, IMPRIMERIE DU PROGRÈS DE LA SOMME

*Conformément à la décision ci-incluse de l'Assemblée générale, Mesdames et Messieurs les Sociétaires sont priés d'acquitter leurs cotisations arriérées de 1914-1915 et, s'ils le désirent, celle de 1916.*

*Désireux de ne point gêner ceux de nos Collègues qui ont été particulièrement éprouvés par les événements : les mobilisés, les évacués, nous n'enverrons point de quittances par la poste. Nous comptons sur la générosité de nos Collègues les moins éprouvés et sur la bonne volonté de tous nos amis.*

Adresser les mandats, soit au Président, à Amiens, 18, rue Contrescarpe, soit au Trésorier, M. QUIGNON, à Aubigny-en-Artois (P.-de-C.).